Merry christmas Great Auntie Pat
and Great Uncle Alex!
Love from Laura, Fabiano and Milo
x x x

CÉU AZUL
DE COPACABANA
editora

BRASIL

Brasil

Textos: Fernanda Basto
Fotos: Felix Richter
        Martin Fiegl
        Lucas Leuzinger
        Filipa Richter
        Arnaldo Borensztajn
        Katharina Fiegl
        Ferdinand Cibulka
        Gustavo de Paula
        Werner Thiele

BRASIL

Para escrever sobre o Brasil, começo por apresentar minha família; assim, consigo resumir um pouco esse incrível país. Sou filha de mãe *capixaba* (nascida no Estado do *Espírito Santo*) e de pai português. Conheceram-se no Rio de Janeiro, em um baile de estudantes universitários. Nessa época, minha mãe, Marlene, morava em *Goiânia*, capital de *Goiás*, estado no centro do País. Ela completava o curso superior de Enfermagem e meu pai, Antônio, há um ano no Rio de Janeiro, era estudante de Direito. Brasília ainda não existia. Nossa capital era no Rio de Janeiro, que, durante quase dois séculos, fervilhou como centro cultural, comercial, financeiro e diplomático do País. Casaram-se um ano depois no *Espírito Santo*, onde moravam meus avós maternos, e escolheram o Rio de Janeiro para viver.

Minha avó materna, Regina Denicoli Cassani, era de família italiana, originária de Milão, que veio para o Brasil na Iª Grande Guerra, e plantou raízes no Estado do *Espírito Santo*, na região dos cafezais. Meu avô, Thiago Bezerra Leite, nasceu em *Pernambuco*, na pequena cidade de Caruaru. Era engenheiro. Foi construindo estradas e desbravando caminhos pelo Brasil, à época, um país agrícola, que conheceu minha avó. Apaixonaram-se e se casaram, optando por morar na cidade de Santa Tereza, no *Espírito Santo*. Tiveram dez filhos (naquele tempo, as famílias brasileiras eram numerosas).

Pelo fato de o Brasil ter sido descoberto e colonizado por Portugal, muitos de nós, brasileiros, somos descendentes de portugueses. É o meu caso. Meus avós paternos, Rosalina e José Rodrigues dos Santos, eram portugueses da cidade de *Penafiel*, próxima à cidade do *Porto*.

Dedico e devo este livro ao meu avô paterno, José Rodrigues dos Santos, pois uma das numerosas e maravilhosas lembranças que guardo da minha infância é a dele, em uma reunião familiar, dizendo: ,,O homem só está completo depois que plantar uma árvore, ter filhos e escrever um livro.'' Nunca me esqueci dessa frase e, agora, aceitando a sugestão de meu genro Felix Richter, realizo a ,,tarefa'' que me faltava: escrever este livro.

Nasci no Rio de Janeiro, e meus irmãos, Paula e Antônio da Graça, em Minas Gerais ... Enfim, o Brasil é toda essa mistura e muito mais: alemães, japoneses, espanhóis, sírios, libaneses, africanos ..., todos fazendo deste país uma nação sem igual.

Para entender nossa pátria, é necessário viajar e, ao fazê-lo, entregar-se as suas cores, raízes, sabores, histórias, músicas, praias, florestas, montanhas, *sertões*, e ao seu povo. O Brasil é um país continental com mais de oito milhões de quilômetros quadrados. No seu território, situa-se grande parte das duas maiores bacias hidrográficas do Planeta: a Amazônica e a Platina. Tudo no Brasil é de grande proporção: as planícies, os planaltos, as florestas.

Tenho o prazer de apresentar, neste livro, o ,,meu'' Brasil com suas cinco regiões geográficas: Norte, Nordeste, Sudeste, Centro-Oeste e Sul.

BRAZIL

Before I begin to write about Brazil, I would like to introduce my family, since it is a mirror image of the multifaceted character of this impressive land. My mother is *capixaba* (born in the federal state of *Espirito Santo*) and my father is Portuguese. They met at a student ball in Rio de Janeiro. My mother was then living in *Goiânia*, the capital of *Goiás*, a federal state in the middle of Brazil. She was training to become a nurse, while my father, Antônio, who had been living in Rio de Janeiro for a year, was studying law. Brasilia didn't yet exist and Rio de Janeiro was the capital. For nearly 200 years, the city seethed as the cultural, financial, commercial and diplomatic hub of Brazil. A year later, my parents were married in *Espirito Santo*, where my maternal grandparents lived, and immediately moved to Rio de Janeiro. My maternal grandmother, Regina Denicoli Cassani, has Italian roots; her family comes originally from Milan. They emigrated to Brazil during the First World War and settled in the region of the coffee plantations, in the federal state *Espirito Santo*. My grandfather, Thiago Bezerra Leite, was born in *Pernambuco*, in the small city of Caruaru. He was an engineer. During the period when my grandfather was building new roads clear across Brazil – which was still an agricultural country at the time – he met my grandmother. They fell in love, married and moved to Santa Tereza in *Espirito Santo*. She had 10 children (at the time, Brazilian families were usually quite large). Due to the fact that Brazil was discovered and colonized by Portugal, many Brazilians are Portuguese descendants. That is the case with me. My paternal grandparents, Rosalina and José Rodrigues dos Santos, were both Portuguese; they came from the city of *Penafiel*, near *Porto*.

This book is dedicated to my paternal grandfather, José Rodrigues dos Santos, to whom I am deeply indebted. One of my many wonderful childhood memories is of him saying at a family get-together: "A human being isn't whole until he has planted a tree, had children and written a book." I have never forgotten that statement. And now, having accepted the invitation from my son-in-law, Felix Richter, to write this book, I can complete the "requirement" which was still lacking: writing a book.

I was born in Rio de Janeiro, while my siblings, Paula and Antônio da Graça, were born in Minas Gerais. Brazil is such a mixture and much more besides. Germans, Japanese, Spaniards, Syrians, Lebanese, Africans ... all of them belong to this country, a nation unlike any other.

In order to understand our homeland, you have to journey through it. You have to abandon yourself to its colours, roots, scents, stories, beaches, forests, *sertões* (extremely dry regions in the interior), to its mountains, its music and its people. Brazil is a country as large as a continent: it has a surface area of more than 800 million square kilometers (more than 3 million square miles). The major part of the two largest hydrographic basins on earth are in Brazil: the Amazon basin and the Platina basin. Everything in Brazil has enormous dimensions, for example the high plateaus, but also the low-lying areas and forests. I am very happy to be able to introduce "my" Brazil in this book and its five geographical regions – the north, northeast, southeast, middle east and south.

BRASIL

Antes de escribir sobre Brasil, quisiera en primer lugar presentar mi familia, así puedo resumir más o menos, el polifacetismo de este impresionante país. Mi madre es *capixaba* (nacida en el Estado de *Espírito Santo*) y mi padre es portugués. Ellos se conocieron en Rio de Janeiro, en un baile de estudiantes universitarios. Mi madre, Marlene, vivía entonces en *Goiânia*, la capital de *Goiás*, un Estado en el centro de Brasil. Ella terminaba un curso superior de Enfermería y mi padre Antônio, que desde hace un año vive en Rio de Janeiro, estudiaba Jurisprudencia. Aún no existía Brasília y nuestra capital era Rio de Janeiro. Casi durante dos siglos crece la ciudad como centro cultural, financiero, comercial y diplomático de Brasil. Un año más tarde se casaron mis padres en el Estado Espíritu Santo, donde vivían mis abuelos maternos, y escogieron luego Rio de Janeiro para vivir.

Mi abuela materna, Regina Denicoli Cassani, desciende de una familia italiana originaria de Milán y durante la primera guerra mundial emigraron al Brasil, donde se establecieron en el Estado *Espírito Santo*, en la región de los cafetales. Mi abuelo Thiago Bezerra Leite nació en *Pernambuco* en la pequeña ciudad Caruaru. Él era ingeniero. Durante el tiempo en el cual mi abuelo construía carreteras y nuevos caminos a través de Brasil – entonces aún un país agrario – , conoció a mi abuela. Se enamoraron, se casaron y optaron por vivir en Santa Tereza en el Estado *Espírito Santo*. Recibieron 10 hijos (en es época las familias brasileñas eran numerosas).

En base al hecho que Brasil fué descubierto y colonizado por Portugal, muchos de nosotros brasileños derivamos de portugueses. Es el caso también mío. Mis abuelos paternos, Rosalina y José Rodrigues dos Santos eran portugueses oriundos de la ciudad *Penafiel*, en la cercanías de *Porto*.

Este libro es dedicado y se lo debo a mi abuelo paterno, José Rodrigues dos Santos. Uno de los muchos hermosos recuerdos de mi infancia fue su máxima, con motivo de un encuentro familiar: „Una persona es entonces perfecta, cuando haya plantado un árbol, recibido hijos y escrito un libro." Esa frase nunca la olvidé y ahora, cuando acepté la invitación de mi yerno, Felix Richter, de escribirsobre Brasil, realizo la „tarea" que me hacía falta: escribir un libro.

Yo nací en Rio de Janeiro y mis hermanos, Paula y Antônio da Graça en Minas Gerais. Brasil es una mezcla y aún mucho más: alemanes, japoneses, españoles, sirios, libaneses, africanos … todos haciendo de este país, una nación sin igual!

Para comprender nuestra patria, se debe viajar por ella y al hacerlo, vivir sus colores, raíces, sabores, historias, playas, florestas, *Sertões* (regiones muy secas en el interior del país), montañas, su música y sus habitantes. Brasil, con más de 800 millones de km² de superficie, es una nación de medidas continentales. En el territorio brasileño se encuentra la parte principal de las dos más grandes cuencas hidrográficas del planeta: la cuenca del Amazonas y la cuenca Platina. Todo en Brasil tiene dimensiones enormes: por ejemplo las llanuras altas y bajas y los bosques. Tengo el placer de poder presentar en este libro „mi" Brasil con sus cinco regiones geográficas – Norte, Noroeste, Sureste, Medio Oriente y Sur.

BRASILIEN

Ich möchte, bevor ich über Brasilien schreibe, zuerst meine Familie vorstellen; so kann ich die Vielseitigkeit dieses eindrucksvollen Landes etwas zusammenfassen. Meine Mutter ist *capixaba* (im Bundesstaat *Espírito Santo* geboren) und mein Vater Portugiese. Sie haben sich in Rio de Janeiro auf einem Studentenball kennen gelernt. Meine Mutter lebte damals in *Goiânia*, der Hauptstadt *Goiás*, ein Bundesstaat im Zentrum Brasiliens. Sie machte eine Ausbildung als Krankenschwester, während mein Vater Antônio, der seit einem Jahr in Rio de Janeiro lebte, Jura studierte. Brasília gab es noch nicht und unsere Hauptstadt war Rio de Janeiro. Fast 2 Jahrhunderte lang brodelte die Stadt als kulturelles, finanzielles, kommerzielles und diplomatisches Zentrum Brasiliens. Ein Jahr später heirateten meine Eltern im Bundesstaat *Espírito Santo*, in dem meine Großeltern mütterlicherseits lebten, und zogen anschließend nach Rio de Janeiro.

Meine Großmutter mütterlicherseits, Regina Denicoli Cassani, stammt aus einer italienischen Familie, die ursprünglich aus Mailand kommt und während des Ersten Weltkrieges nach Brasilien auswanderte, wo sie sich im Bundesstaat *Espírito Santo* in der Gegend der Kaffeeplantagen niederließ. Mein Großvater Thiago Bezerra Leite wurde in *Pernambuco* in der kleinen Stadt Caruaru geboren. Er war Ingenieur. In der Zeit, in der mein Großvater Straßen baute und neue Wege durch Brasilien – damals noch ein Agrarstaat – erschloss, lernte er meine Großmutter kennen. Sie verliebten sich ineinander, heirateten und zogen nach Santa Tereza im Bundesstaat *Espírito Santo*. Sie bekamen 10 Kinder (zu dieser Zeit waren die brasilianischen Familien sehr groß).

Aufgrund der Tatsache, dass Brasilien von Portugal entdeckt und kolonialisiert wurde, stammen viele von uns Brasilianern von Portugiesen ab. Das ist bei mir der Fall. Meine Großeltern väterlicherseits, Rosalina und José Rodrigues dos Santos, waren Portugiesen aus der Stadt *Penafiel* in der Nähe von *Porto*.

Dieses Buch widme und schulde ich meinem Großvater väterlicherseits, José Rodrigues dos Santos. Eine meiner vielen schönen Kindheitserinnerungen ist sein Ausspruch bei einem Familientreffen: „Ein Mensch ist erst dann vollkommen, wenn er einen Baum gepflanzt hat, Kinder bekommen hat und ein Buch geschrieben hat." Diesen Satz habe ich nie vergessen und jetzt, indem ich die Einladung meines Schwiegersohns Felix Richter, dieses Buch zu schreiben, annehme, vollbringe ich die „Aufgabe", die mir noch fehlte: ein Buch zu schreiben.

Ich bin in Rio de Janeiro geboren und meine Geschwister Paula und Antônio da Graça in Minas Gerais … Brasilien ist diese Mischung und noch vieles mehr: Deutsche, Japaner, Spanier, Syrer, Libanesen, Afrikaner … alle gehören zu diesem Land, eine Nation ohnegleichen!

Um unsere Heimat zu verstehen, muss man sie bereisen und sich dabei ihren Farben, Wurzeln, Gerüchen, Geschichten, Stränden, Wäldern, *Sertões* (sehr trockene Gegend im Landesinneren), Bergen, ihrer Musik und ihrem Volk hingeben. Brasilien ist mit über 800 Millionen km² Fläche ein Land mit kontinentalen Ausmaßen. Auf brasilianischem Territorium befindet sich der Hauptteil der zwei größten hydrographischen Becken der Erde: das Amazonasbecken und das Platina-Becken. Alles in Brasilien hat sehr große Dimensionen, so zum Beispiel die Hoch- und Tiefebenen und die Wälder. Ich freue mich, in diesem Buch „mein" Brasilien mit seinen 5 geographischen Regionen – Norden, Nordosten, Südosten, Mittlerer Osten und Süden – vorstellen zu können.

A Região Norte se divide em sete estados: *Acre, Rondônia, Roraima, Amazonas, Amapá, Pará* e *Tocantins*. Aqui estão concentradas as maiores riquezas da humanidade: a floresta e a água. Estive na região com marido e filhas e jamais me esquecerei da emoção que sentimos ao subir o *rio Negro*. Fomos abraçados e envolvidos pelo fascínio e força da Floresta Amazônica – em alguns momentos, serena e solene; em outros, alegre e barulhenta, com o canto e o vôo dos pássaros. Recordo-me de minhas filhas, Georgianna e Constança, à época adolescentes, chorando comovidas, incapazes de conter tamanha emoção.

Subindo o *rio Negro*, chegamos ao famoso hotel Ariaú. Era a hora do pôr-do-sol. Um silêncio respeitoso pairava no ar. Permanecemos calados, somente observando, extasiados, a natureza exuberante. Ficamos três dias hospedados no hotel. Levantávamos com o nascer do Sol e o acordar da floresta, pescávamos piranhas nos *igarapés* e, à noite, saíamos de canoa para ver os animais noturnos da floresta. Toda aquela pujança nos enebriava.

A paisagem da Amazônia muda de julho para dezembro. Em dezembro, temos a época da seca; é quando aparecem quilômetros de praias com areias brancas. Já na época das chuvas, o rio adentra a floresta, renovando a vida, mantendo, assim, o equilíbrio do ecossistema. A diferença do nível da água entre as duas estações (chuva e seca) chega a 15 metros.

Na Amazônia, tudo é imenso e nos faz conscientizar do quanto somos responsáveis pela manutenção e continuidade desse presente de Deus. Na região, encontramos a maior biodiversidade do mundo. Vários tipos de macacos (alguns em vias de extinção), *araras-vermelhas*, onças-pintadas e preguiças.

Passamos somente três dias na floresta, mas, quando retornamos a Manaus, tive a sensação de ter viajado a uma outra época e, de repente, ter sido acordada com o choque da civilização. Manaus viveu seu ápice no "ciclo da borracha". Com a riqueza gerada pelos seringais, construiu-se o lindíssimo Teatro Amazonas, conhecido no mundo inteiro como "o teatro de ópera no meio da floresta". Mais exótico, impossível!

Outra cidade que se destaca na Região Norte é Belém – pequena, simples e pouco explorada pelo turismo. A cidade preserva construções históricas importantíssimas, como, por exemplo, o Museu de Arte Sacra, na *Igreja de Santo Alexandre*, e o conhecido *Forte do Presépio*, construído em 1616, tombado em 1962 e restaurado a partir de 1983. Já no mercado *Ver-o-Peso*, os visitantes ficam fascinados com a variedade de ervas e produtos medicinais.

A Região Norte é imensa: ocupa 44 % do território nacional. É quase impossível conhecê-la toda. Um sentimento, porém, eu garanto: quando vamos embora, carregamos na alma a lembrança da Floresta Amazônica.

Brazil's north encompasses seven federal states: *Acre, Rondônia, Roraima, Amazonas, Amapá, Pará* and *Tocantins*. Here you can discover the earth's greatest treasures: forests and waters. I have been there with my husband and daughters and will never forget what an impression it made on me to go upstream on the *Rio Negro*. We were completely swallowed up by the fascination and power of the Amazonas. In certain moments, it was tranquil and placid, in others loud and cheerful from the calls and flight of the birds. I remember well how my daughters Georgianna and Constança, who were quite young at the time, were so overwhelmed with joy that they wept. We boated up the *Rio Negro* and reached the well known Hotel Ariaú at sunset. A solemn quietude could be palpably felt. We spoke not a word, merely observed the electrifying spectacle of nature. We spent three days there. In the mornings, we got up at sunrise – just as the forest also awoke – went fishing for piranhas in the *igarapés* (narrow canals between two islands or between an island and the mainland) and in the evenings we skimmed over the waters in a small boat to observe the nocturnal animals. The immensity of nature was stupefying.

Between July and December, the Amazon landscape undergoes a transformation. December is dry season. The waters recede and kilometers of white sand belts come to light. Whereas during rainy season, the river overflows deep into the Amazon jungle, renewing life everywhere it touches and thus, maintaining nature's equilibrium. The difference in the water levels in the rainy and dry seasons can be as much as 15 meters.

In Amazonas, everything is of gigantic proportions and we become slowly aware how great our responsibility is, to take good care of this gift of God. In this region, there is more biodiversity than anywhere else on earth. Many different types of monkeys, some of which are endangered species, *araras-vermelhas* (parrots), jaguars and sloths.

We spent only three days in the Amazon rain forests. When we arrived back in Manaus, I felt as if I had been placed in a time machine and traveled to another era. The shock of civilization was a rude awakening. The city of Manaus had its historical apogee during the rubber boom and prospered from the riches brought by the rubber trees. This was the era when the world famous Amazonas Theater was built, the "opera house in the jungle". Nothing could be more exotic.

Another city which stands out in Brazil's north is Belem. It is a simple place, not particularly big, and not touristically developed. It boasts buildings of great historical significance, such as the Museum of Sacred Art in the *Igreja de Santo Alexandre* church and the well known fortress *Forte do Presépio*. It was built in 1616, classified as an historical monument in 1962 and restored in 1983.

The *Ver-o-Peso* market proffers an astonishing selection of spices and medicinal herbs to visitors.

The north of Brazil is unimaginably vast. It makes up 44 % of Brazil's territory. It is nearly impossible to get to know the entire region. But of one thing I am utterly sure: when you depart from this region, you have the feeling you are carrying away an impression of the Amazon rain forests which will remain an indelible memory for a lifetime.

REGIÓN NORTE

La Región Norte de Brasil se divide en 7 estados: *Acre, Rondônia, Roraima, Amazonas, Amapá, Pará* y *Tocantins*. Aquí están concentradas las riquezas más grande de la humanidad: los bosques y el agua. Estuve allí con mi esposo y mis hijas, y jamás olvidaré lo impresionante que fué viajar aguas arriba por el *Rio Negro*. Estábamos completamente perplejos en la fascinación y la fuerza de la Floresta Amazónica. Por algunos momentos se mostraba silenciosa y tranquila, en otros fuerte y alegre con el grito y vuelo de los pájaros. Me recuerdo aún cómo mis jóvenes hijas Goergianna y Constança, lloraban conmovidas, incapaces de contener la emoción ante tanta fascinación y majestuosidad.

Navegamos el *Rio Negro* aguas arriba y llegamos al conocido Hotel Ariaú a la caída del sol. Un respetuoso silencio llenaba el aire. También nosotros no pronunciábamos palabra, extasiados en la exuberante naturaleza. Permanecimos allí tres días. En la mañana nos levantábamos con el sol – cuando también el bosque despertaba; pescábamos piranhas en el *igarapés* (un estrecho canal entre dos islas o una isla y tierra firme) y en las tardes navegábamos en canoa, para observar los animales nocturnos. La grandiosidad de la naturaleza era embriagadora!

Desde julio hasta diciembre el paisaje cambia en la región del Amazonas. En diciembre domina la estación de sequía y aparecen kilómetros de estrías blancas de arena. En la época de lluvia, por el contrario, el río inunda el bosque de Amazonas, renueva la vida y conserva así el equilibrio del ecosistema. La diferencia de altura del nivel del agua es entre las dos estaciones (sequedad y lluvias), hasta de 15 metros.

En Amazonas todo tiene dimensiones gigantescas y nosotros estamos conscientes de nuestra gran responsabilidad en el mantenimiento de ese regalo de Dios. En esta región se encuentra la más grande diversidad biológica del mundo. Muchos y variados ejemplares de monos (algunos de ellos peligran en su existencia), *Araras-Vermelhas*, jaguares y perezosos.

Permanecimos sólo tres días en la floresta, pero cuando regresamos a Manaus, me sentía como si hubiera viajado a otra época del mundo y de repente despertar al impacto con la civilización. La ciudad de Manaus vivió su punto culminante durante el boom de caucho y prosperó por medio de la riqueza acumulada de los extractores de caucho. De esa época es también el mundialmente conocido Teatro de Amazonas, como „Teatro de ópera en la selva virgen" Más exótico, imposible!

Otra ciudad interesante en el norte de Brasil, es Belem – pequeña y poco explotada por el turismo. La ciudad alberga construcciones de gran importancia histórica, como por ejemplo el Museo de Arte Sacrada en la *Igreja de Santo Alexandre* y la conocida Fortaleza *Forte do Presépio*; construído en 1616, derribado en 1962 y desde 1983 restaurado y puesto bajo la protección del patrimonio nacional.

El mercado *Ver-o-Peso* ofrece al visitante una extraordinaria selección de condimentos y yerbas medicinales.

El Norte de Brasil es inconcebiblemente grande. Abarca el 44 % del territorio brasileño. Es casi imposible conocer toda la región. Pero algo puedo asegurarles: cuando llega el momento de abandonar el lugar, se tiene la impresión de llevar en el alma el recuerdo del bosque de Amazonas.

DER NORDEN

Der Norden Brasiliens setzt sich aus 7 Bundesstaaten zusammen: *Acre, Rondônia, Roraima, Amazonas, Amapá, Pará* und *Tocantins*. Hier findet man die größten Reichtümer der Menschheit: die Wälder und das Wasser. Ich bin mit meinem Mann und meinen Töchtern dort gewesen und werde nie vergessen, wie eindrucksvoll es war, den Rio Negro flussaufwärts zu fahren. Wir wurden vollständig eingenommen von der Faszination und der Kraft des Amazonas. In manchen Momenten zeigte er sich still und gelassen, in anderen laut und fröhlich durch den Ruf und den Flug der Vögel. Ich erinnere mich noch daran, wie meine damals jugendlichen Töchter Georgianna und Constança vor lauter Überwältigung zu Tränen gerührt waren.

Wir fuhren den *Rio Negro* flussaufwärts und erreichten das bekannte Hotel Ariaú bei Sonnenuntergang. Eine respektvolle Stille lag in der Luft. Auch wir sagten kein Wort und beobachteten das berauschende Naturereignis. Insgesamt verbrachten wir dort drei Tage. Morgens standen wir zum Sonnenaufgang – wenn auch der Wald erwachte – auf, fischten in den *igarapés* (schmaler Kanal zwischen 2 Inseln oder einer Insel und dem Festland) Piranhas und abends fuhren wir in einem Einbaum los, um die Nachttiere zu beobachten. Die Gewaltigkeit der Natur war wie betäubend.

Von Juli bis Dezember verändert sich die Landschaft im Amazonasgebiet. Im Dezember herrscht Trockenzeit. Das Wasser geht zurück und es erscheinen kilometerlange weiße Sandstreifen. In der Regenzeit hingegen überschwemmt der Fluss den Amazonaswald, erneuert das Leben und erhält somit das natürliche Gleichgewicht. Der Unterschied der Höhe des Wasserspiegels beträgt zwischen den beiden Jahreszeiten (Trockenzeit und Regenzeit) bis zu 15 Meter.

Im Amazonas hat alles riesige Dimensionen und uns wird bewusst, wie groß unsere Verantwortung bei der Erhaltung dieses Geschenks Gottes ist. In diesem Gebiet findet man die größte Artenvielfalt der Erde. Viele verschiedene Affenarten (einige davon vom Aussterben bedroht), *Araras-Vermelhas* (Papagei), Jaguare und Faultiere.

Wir verbrachten nur 3 Tage im Amazonaswald. Als wir jedoch nach Manaus zurückkamen, fühlte ich mich, als wäre ich in ein anderes Zeitalter gereist und plötzlich durch den Schock der Zivilisation wachgerüttelt worden. Die Stadt Manaus erlebte ihren Höhepunkt während des Gummi-Booms und prosperierte durch den Reichtum, den die Kautschukzapfer ansammelten. Aus dieser Zeit stammt auch das weltbekannte Amazonastheater, das „Opernhaus im Urwald". Exotischer geht es kaum.

Eine weitere Stadt, die sich im Norden Brasiliens hervorhebt, ist Belem. Sie ist nicht allzu groß, einfach und touristisch nur wenig erschlossen. Die Stadt beherbergt Bauten von großer geschichtlicher Bedeutung, wie zum Beispiel das Museum für Sakrale Kunst in der *Santo-Alexandre*-Kirche und die bekannte Festung *Forte do Presépio*. Sie wurde im Jahre 1616 errichtet, 1962 unter Denkmalschutz gestellt und ab 1983 restauriert.

Der *Ver-o-Peso*-Markt bietet den Besuchern eine erstaunliche Auswahl an Gewürzen und medizinischen Kräutern.

Der Norden Brasiliens ist unfassbar groß. Er macht 44 % des brasilianischen Territoriums aus. Es ist beinahe unmöglich, die ganze Region kennen zu lernen. Eines kann ich jedoch versichern: Wenn man dort wieder wegfährt, hat man das Gefühl, die Erinnerung an den Amazonaswald in der Seele mit sich zu nehmen.

< Onça Pintada
Teatro do Amazonas, Manaus

Mercado Municipal, Manaus

Rio Negro, Amazonas

Arara Vermelha

Urubu-rei
Bicho Preguiça >
Micos >>

Mercado Ver-o-Peso, Belém

Mercado de Peixe, Belém

Quando vou ao Nordeste, passeio de *jangada*, sinto o abraço da brisa morna no meu corpo e provo a culinária deliciosa. A região, com seus nove estados – *Maranhão, Piauí, Ceará, Rio Grande do Norte, Paraíba, Pernambuco, Alagoas, Sergipe* e *Bahia* –, todos com quilômetros de praia, nos dá a sensação de que o paraíso existe, e é na Terra.

Foi na Bahia que tudo começou. O Brasil foi "descoberto" pelo navegador português Pedro Álvares Cabral, que aportou no dia 22 de abril de 1500, em *Porto Seguro*, litoral do Estado da Bahia. Desde pequena, fico imaginando o que aqueles homens sentiram ao chegar em uma nova e desconhecida terra, cercados de praias, belíssima vegetação, clima tropical e índios ...

Salvador, por ter sido a primeira capital, no ano de 1549, possui um acervo histórico importantíssimo. A região do *Pelourinho*, toda tombada pelo patrimônio mundial da UNESCO, é um dos meus lugares prediletos. Adoro passear pelas *ladeiras*, comer *acarajé* e ouvir o ritmo forte e cadenciado do *Olodum*. A igreja de *São Francisco*, com seus fabulosos azulejos portugueses, fabricados pela Companhia das Índias Ocidentais (a mais fina porcelana existente no mundo do século XVIII), é para ser apreciada com calma; aliás, como tudo em Salvador. Quando estou na Bahia, provo os pratos típicos, delicio-me com a música e o sotaque regional, visito as igrejas e sinto a alegria do povo. Vejo as cores da Bahia no céu, no mar, nos sorrisos, na água-de-coco e nas *fitinhas do Senhor do Bonfim*. Gosto muito de passear de *jangada*. Deixo-me levar, enquanto ela vai deslizando mansamente no mar do Nordeste, com uma constante e suave brisa.

Vou muito a Pernambuco. Hospedo-me no hotel *Pontal do Acaporã*, em *Porto de Galinhas*. Um dos melhores pratos que já degustei foram as lagostas de Recife. São deliciosas! Quem for lá tem de prová-las. O problema são os quilos a mais que sempre, meu marido e eu, trazemos de volta de tanto comer *tapioca*, lagosta e *galinha ao molho pardo*. Mas vale a pena!

Na Páscoa de 2004, estivemos na Paraíba, na casa de amigos. Fizemos passeios lindos de jipe pela costa de areia branca e falésias enormes. Em João Pessoa, amigos nos levaram para um passeio de lancha pelo rio Paraíba. Quando se inicia o pôr-do-sol, todas as lanchas se reúnem em frente a um restaurante charmosíssimo, todo de palafitas, cujo dono é saxofonista. No preciso momento em que o Sol toca a linha do horizonte, o músico começa a tanger o *Bolero* de Ravel em um singelo saxofone. É impossível conter as lágrimas!

Todo o Nordeste é uma descoberta constante. Tanta beleza e poesia faz da região um conjunto de instantes mágicos, em que você se sente abençoado por ter o privilégio de estar ali, naquele precioso momento!

Whenever I am in the northeast, I go out on a *Jangada* (a float with a triangular sail), and relish the warm breeze that wafts about me; I also love to savour the excellent cuisine of the area. The region comprises nine federal states – *Maranhão, Piauí, Ceará, Rio Grande do Norte, Paraíba, Pernambuco, Alagoas, Sergipe* and *Bahia* – each one with many miles of beaches. It gives one the distinct feeling that paradise exists, and that it is located right here on earth.

It was in Bahia that it all began. Brazil was "discovered" by the Portuguese navigator Pedro Álvares Cabral. On 22 April 1500, he landed on the coast of Bahia, in *Porto Seguro*. Ever since I was a child, I have tried to imagine what those men must have felt when they first arrived in this alien, exotic country, surrounded by beaches, splendid flora, tropical climate and Indians.

Due to the fact that Salvador was named the first national capital in 1549, it is a city of historical importance. The area of *Pelourinho*, which has been declared a World Cultural Heritage by UNESCO, is one of my very favourite places. I love walking through the steep streets, the *ladeiras*, eating *acarajé* (an Afro-Brazilian specialty) and listening to the powerful, compelling rhythms of *Olodum* (a music group, thought to have invented samba reggae). The *Igreja de São Francisco* church, with its marvellous Portuguese tiles manufactured by the West Indian Company – which were the world's finest ceramics in the 18th century – has to be relished in peace and quiet, as does everything in Salvador. Whenever I am in Bahia, I adore eating the typical dishes, listening to the music and the regional dialect, visiting the churches and soaking up the happy aura emanating from the people. I see the colours of Bahia in the sky, in the sea, in the smiles of the people, in coconut milk and in the *fitinhas do Senhor do Bonfim*. (Coloured ribbons sold in front of the most famous pilgrimage church of Salvador, the *Igreja Nossa Senhor Bom Jesus do Bonfim*. They are tied around the wrist, since they are considered to be good luck charms.) I love to go out on a *Jangada* and float dreamily over the northeastern sea, driven onward by the ever-present, gentle breeze.

I often go to Pernambuco. I always stay at Hotel *Pontal de Acaporã* in *Porto de Galinhas*. One of the best dishes I have ever eaten are the spiny lobsters (langoustes) of Recife. Their taste is enchanting! Whoever goes there simply has to try them. The problem is that my husband and I always come back from Pernambuco a few kilos heavier than before we left, from too much *tapioca* (manioch tortillas), spiny lobsters and *Galinha ao Molho Pardo* (a chicken specialty). But it's worth sinning for!

At Easter 2004, we were visiting friends in Paraíba. We took wonderful day trips in their jeep along the white beaches and the steep coastal cliffs. In João Pessoa friends took us along on a motorboat excursion up the Paraíba River. At sunset, all the motorboaters meet at an intimate restaurant perched on piles, where the innkeeper plays the saxophone. The moment the sun touches the horizon, he starts to play Ravel's *Bolero* on his simple saxophone. The listeners have to struggle to hold back their tears.

The entire northeast is a land of unending discovery. So much beauty and poetry make possible many extraordinary experiences, and one invariably feels profoundly grateful – privileged, even – to be there in such precious moments.

Cuando me encuentro en el nordeste, viajo con el *Jangada* (balsa con una vela triangular), disfruto de la brisa caliente que satura todo mi cuerpo y pruebo las exquisiteses de la maravillosa cocina. La región comprende nueve Estados: – *Maranhão, Piauí, Ceará, Rio Grande do Norte, Paraíba, Pernambuco, Alagoas, Sergipe y Bahia* – todos con muchos kilómetros de playa y nos dá la impresión que el Paraíso existe – pero en la tierra.

Fué en Bahia donde todo comenzó. Brasil fué „descubierto" por el navegante portugués Pedro Álvares Cabral; el 22 de abril del año 1.500 toca tierra en *Porto Seguro*, en la costa de Bahia. Desde mi niñez me he imaginado, lo que esos hombres han experimentado al llegar a tierra desconocida, rodeada de playas, maravillosa vegetación, clima tropical e indios ....

Puesto que Salvador en 1549 fué nombrada la primera capital, tiene un valor histórico muy importante. La zona de *Pelourinho*, fué declarada por la UNESCO „Patrimonio cultural mundial", es uno de mis lugares favoritos. Me gusta caminar por las calles empinadas, las *ladeiras*, comer *acarajé* (especialidad de la cocina afrobrasileña) y escuchar los fuertes y entusiasmados ritmos del *Olodum* (Grupo musical; se estima como el inventor de Samba Reggae). La Iglesia de *São Francisco* con sus fabulosos azulejos portugueses, fabricados por la Compañía de India Occidental (la más fina porcelana del mundo en el siglo XVIII), deben ser admirados detalladamente, como todo en Salvador. Cuando me encuentro en Bahia, pruebo los platos típicos, disfruto la música y el dialecto regional, visito las iglesias y siento en mí la alegría del pueblo. Veo los colores de Bahia en el cielo, en el mar, en la sonrisa de las personas, en el agua de coco y en las *fitinhas do Senhor do Bonfim* (cintas de colores que venden delante de la más famosa iglesia de peregrinación de Salvador, la *Igreja Nossa Senhor Bom Jesus do Bonfim*. Las cintas se amarran a la muñeca del brazo y se cree que traen suerte). Viajo muy gustoso con la *Jangada*, que me lleva suavemente por el mar hasta el nordeste, impulsada por la constante y suave brisa del mar.

Viajo mucho a Pernambuco. Me hospedo siempre en el Hotel *Pontal de Acaporã* en *Porto de Galinhas*. Uno de mejores platos que he gustado en mi vida, son las langostas de Recife. Algo delicioso!! El que vaya alli, debe probarlas! El problema son los kilos de más con los cuales mi esposo y yo cada vez regresamos, de tanta *Tapioca* (Tortillas de casabe), langostas y *Galinha ao Molho Pardo* (una especialidad de gallina en salsa). Pero vale la pena!

Para Pascua de Resurrección 2004 estuvimos donde amigos en Paraíba. Llevamos a cabo maravillosas excursiones en Jeep a las blancas playas y a las escarpadas costas. En João Pessoa nuestros amigos nos llevaron a una excursión en motolancha sobre el Río Paraíba. A la caída del sol se encuentran todas las motolanchas en un agradable restaurante sobre pilotes, cuyo propietario es saxofonista. En el momento en el cual el sol toca el horizonte, comienza él a tocar con su sencillo saxofón el *Bolero* de Ravel. Casi que no se pueden retener las lágrimas!

Todo el Nordeste es un continuo descubrir. Tanta belleza y poesía ofrecen tan maravillosos y extraordinarios momentos, que uno se siente privilegiado, justamente estar allí presente en ese precioso momento!

Wenn ich im Nordosten bin, fahre ich mit der *Jangada* (Floß mit einem Dreieckssegel), genieße die warme Brise, die meinen Körper umströmt, und probiere die Köstlichkeiten der hervorragenden Küche. Die Region schließt neun Bundesstaaten – *Maranhão, Piauí, Ceará, Rio Grande do Norte, Paraíba, Pernambuco, Alagoas, Sergipe* und *Bahia* – mit jeweils vielen Kilometern Strand ein und gibt uns das Gefühl, dass das Paradies existiert – und zwar auf Erden.

In Bahia hat alles begonnen. Brasilien wurde vom portugiesischen Seefahrer Pedro Álvares Cabral „entdeckt". Am 22. April 1500 lief er in *Porto Seguro*, an der Küste Bahias, ein. Seit meiner Kindheit stelle ich mir vor, was diese Männer wohl empfunden haben, als sie an fremdes Land kamen, umgeben von Stränden, wunderschöner Vegetation, tropischem Klima und Indianern ...

Da Salvador 1549 zur ersten Hauptstadt ernannt wurde, hat es einen bedeutenden geschichtlichen Wert. Der Bereich des *Pelourinho*, von der UNESCO zum Weltkulturerbe erklärt, ist einer meiner Lieblingsorte. Ich liebe es, durch die steilen Straßen, die *ladeiras*, zu gehen, *acarajé* (Spezialität aus der afrobrasilianischen Küche) zu essen und den starken und mitreißenden Rhythmus des *Olodum* (Musikgruppe; gilt als Erfinder des Samba-Reggae) zu hören. Die *São-Francisco*-Kirche mit ihren fabelhaften portugiesischen Kacheln, die von der Westindischen Kompanie hergestellt wurden (das feinste Porzellan der Welt im 18. Jahrhundert), sollte in Ruhe genossen werden; wie übrigens alles in Salvador. Wenn ich in Bahia bin, probiere ich die typischen Gerichte, genieße die Musik und den regionalen Dialekt, besuche die Kirchen und spüre die Freude des Volkes. Ich sehe die Farben Bahias am Himmel, im Meer, im Lächeln der Menschen, im Kokoswasser und in den *fitinhas do Senhor do Bonfim* (farbige Bänder, die vor der berühmtesten Wallfahrtskirche Salvadors, der *Igreja Nossa Senhor Bom Jesus do Bonfim*, verkauft werden. Sie werden um die Handgelenke gebunden und sollen Glück bringen). Ich fahre sehr gerne mit der *Jangada*, die mich sanft über das Meer des Nordostens führt, angetrieben von einer konstanten und milden Meeresbrise.

Ich fahre viel nach Pernambuco. Dort bin ich immer im Hotel *Pontal de Acaporã* in *Porto de Galinhas* untergebracht. Eines der besten Gerichte, das ich jemals probiert habe, sind die Langusten von Recife. Sie schmecken wundervoll! Wer dort hinfährt, muss sie kosten. Das Problem sind die zugelegten Kilos, die mein Mann und ich jedesmal zurückbringen vor lauter *Tapioca* (Maniok-Tortillas), Langusten und *Galinha ao Molho Pardo* (Hühnchenspezialität). Aber es lohnt sich!

Zu Ostern 2004 waren wir bei Freunden in Paraíba. Wir haben wunderschöne Jeep-Ausflüge an den weißen Stränden und den hohen Steilküsten gemacht. In João Pessoa haben uns Freunde zu einem Motorbootausflug am Paraíba-Fluss mitgenommen. Zum Sonnenuntergang treffen sich alle Motorboote bei einem sehr gemütlichen Restaurant auf Pfählen, dessen Besitzer Saxophon spielt. In dem Moment, wo die Sonne den Horizont berührt, beginnt er den *Bolero* von Ravel auf seinem schlichten Saxophon zu spielen. Die Tränen sind kaum zurückzuhalten!

Der gesamte Nordosten ist ein dauerndes Entdecken. So viel Schönheit und Poesie ermöglichen derartig viele außergewöhnliche Momente, dass man sich privilegiert fühlt, gerade in diesem wertvollen Augenblick dort sein zu können!

Uruaú, Ceará

Fortaleza, Ceará

Forte dos Reis Magos, Natal

Natal, Rio Grande do Norte

Morro do Careca, Ponta Negra, Natal

Recife, Pernambuco

Igreja da Sé, Olinda

Carnaval de Olinda

Baleia Jubarte, Fernando de Noronha

Rabo de Junco

Pelourinho, Salvador da Bahia   Capoeira

Igreja do Bonfim, Itapagipe, Salvador

Praia do Forte

Trancoso, Bahia

Chapada Diamantina, Bahia

A Região Sudeste é formada por quatro estados: *Minas Gerais, Espírito Santo, Rio de Janeiro* e *São Paulo*. É a região dos grandes centros industriais e das duas maiores metrópoles do País: Rio de Janeiro e São Paulo.

Vivi minha infância em Belo Horizonte, capital de Minas Gerais; em 1970, retornei à cidade do Rio de Janeiro, onde nasci. Foram dez anos e ótimas lembranças. Estudava em Belo Horizonte e passava as férias no Espírito Santo, com meus avós maternos; por isso, costumo dizer que "minha infância tem sabor de *pão de queijo* (*Minas Gerais*) e *moqueca capixaba* (*Espírito Santo*)".

Minas Gerais é o único estado da Região Sudeste sem litoral. Seu relevo é extremamente acidentado, o que dificultou muito a ocupação do território, no período da colonização. Em decorrência da descoberta e exploração do ouro no início do século XVIII, desenvolveram-se cidades magníficentes, hoje tombadas e consideradas patrimônio da humanidade pela UNESCO. Como exemplo, a belíssima Ouro Preto.

No período em que morei em Belo Horizonte, aproveitava meus fins de semana em Ouro Preto, Sabará, Mariana, São João Del Rei e Tiradentes; mas minha cidade predileta sempre foi Ouro Preto. Amava caminhar pelas inúmeras *ladeiras*, todas com casas coloniais, à noite ressaltadas por certa luz amarela que nos remete ao tempo dos lampiões. Adorava os chafarizes de pedra-sabão e as primorosas igrejas – monumentos barrocos únicos no mundo – que me deixavam embevecida.

Minas Gerais sempre teve vocação para criar grandes artistas. Desde *Aleijadinho*, escultor notável do século XVIII, até *Guignard, Amílcar de Castro* e tantos outros, sem esquecermos renomados escritores como *Guimarães Rosa, Carlos Drummond de Andrade* e *Autran Dourado*.

Costumo ir muito a São Paulo, cidade fulgurante, maior parque industrial do País, veloz, com um importante acervo cultural, lindos e deliciosos restaurantes e um comércio fantástico. Muitos imigrantes a escolheram para viver e trabalhar, ajudando a torná-la o que é hoje, uma gigantesca e complexa metrópole.

Quando quero calma e leveza no corpo e na alma, costumo ir para o *Espírito Santo*. Vou muito à cidade de *Anchieta*, onde viveu o catequista dos índios, o beato *José de Anchieta*. Gosto de visitar as praias do *Espírito Santo* e as cidades nas montanhas, principalmente *Santa Tereza*, cidade de imigrantes italianos e alemães, onde meus pais têm uma linda fazenda de café. Sempre que posso, caminho pela *Mata Atlântica* intocada que faz limite com a fazenda. Vêem-se muitos colibris, que, assim como as orquídeas, são um marco do *Espírito Santo*.

Moro no Rio de Janeiro, minha cidade preferida. Adoro sair em caminhadas para apreciá-la mais a cada dia. Calço tênis, uso chapéu, óculos escuros e, lógico, protetor solar. Sempre me deixo extasiar pela paisagem perfeita, as montanhas mergulhando no mar, indo ao encontro da sinfonia das ondas. No verão, sempre que possível, assisto ao pôr-do-sol, sentada na pedra do *Arpoador*, aplaudindo, com centenas de outros *cariocas* e turistas, esse espetáculo teatral da natureza.

Ir ao Corcovado de trenzinho era o meu passeio predileto quando criança. A vista que se tem do Rio de Janeiro, tanto do Pão de Açúcar como do Corcovado, é de uma beleza estonteante. Gosto de ficar parada, sozinha, observando com carinho a "minha" cidade. Sinto que o Rio de Janeiro adora ser visitado, fotografado e filmado.

Na companhia da família e de vários amigos, passamos sempre o réveillon em nosso apartamento, que, por estar localizado na Avenida Atlântica, em Copacabana, oferece-nos uma vista privilegiada dessa festa emocionante. Pela janela, vejo a multidão na praia – mais de dois milhões de pessoas, todas vestidas de branco – cantando, dançando e confraternizando, nessa alegre comemoração, embalada por primorosos fogos de artifícios.

The southeast of Brazil encompasses four federal states: *Minas Gerais, Espírito Santo, Rio de Janeiro* and *São Paulo*. This is where the large industrial centers are, as well as the two most important cities of the country: Rio de Janeiro and São Paulo.

I spent my childhood in Belo Horizonte, the capital of Minas Gerais. In 1970, I moved back to Rio de Janeiro, the city I was born in. Belo Horizonte represents 10 years of my childhood, which I hold in cherished memory. I went to school there and spent my school holidays at my maternal grandparents' in the state of Espírito Santo. That's why I say even today that my childhood tasted of *pão de queijo* (a typical cheese pastry from the state of *Minas Gerais*) and *moqueca capixaba* (fish stew from the state of *Espírito Santo*).

Minas Gerais is the only state in the southeastern region of Brazil which is landlocked. During the colonization, the hilly terrain made settling the region measurably more difficult. With the discovery and development of the gold mines at the beginning of the 18th century, magnificent cities were built, which today are protected historical monuments and have been declared a World Cultural Heritage by UNESCO. Among them is the remarkable city of Ouro Preto.

When I lived in Belo Horizonte, I spent the weekends in Ouro Preto, Sabara, Mariana, São João Del Rei and Tiradentes, but my favourite place was always Ouro Preto. I loved to stroll through the countless steep streets and alleyways, the *ladeiras*, with their pretty colonial style houses which stood out especially well in the yellow lights of evening. An image that transposes us back to the era of street lanterns. I admired the soapstone fountains and the precious churches. These Baroque structures, unique in the world, held a great fascination for me.

Minas Gerais was the birthplace of many great artists. From *Alejadinho*, the remarkable 18th century sculptor, all the way to *Guinard, Amílcar de Castro* and many others. I also don't want to overlook renowned writers such as *Guimarães Rosa, Carlos Drummond de Andrade* and *Autran Dourado*.

I go to São Paulo regularly, a brilliantly luminous, dynamic city with the largest industrial concentration in Brazil, simultaneously known for its rich cultural offerings, superb restaurants and fantastic shopping. Many immigrants have chosen this city to live and work in and have made great contributions to the development of the gigantic and complex metropolis.

When I long for peace and quiet of body and soul, I take a trip to the state of *Espírito Santo*. Once there, I frequently go to the city of *Anchieta*, in which the Jesuit priest *José de Anchieta*, catechist of the Indians, lived. I am especially fond of going to the beaches of *Espírito Santo* or into the mountains to *Santa Tereza*, a city of German and Italian immigrants. My parents have a beautiful coffee plantation there. When I'm there, I go walking in the primeval *Mata Atlântica* (Brazil's Atlantic rain forest) which borders directly onto our property. You can see enormous numbers of hummingbirds there; they are so typical of the state of *Espírito Santo*, as are its orchids.

I live in Rio de Janeiro, my favourite city of all. I love to go strolling there, and my admiration for the city seems to grow with every passing day. I put on my running shoes, don a hat, dark sunglasses and apply lots of sun cream. I immerse myself in the incredible landscape and just let myself be overwhelmed by it. By the picturesque sight of the mountains reaching all the way to the seacoast and then transmuting into the liquid shapes of roaring waves. In summer, when I have time, I sit on the cliffs at *Arpoador* (on the border between Ipanema and Copacabana) and watch the sunset. It is an unforgettable spectacle of nature, at which hundreds of *Cariocas* (Brazilians born in Rio) and tourists actually applaud.

As a child, my favourite day trip was to take the cogwheel train up to the Corcovado. From the Corcovado, as well as from the Zuckerhut, you have a spectacular view over Rio. I like to find a quiet spot and gaze down over "my" city, full of devotion for it. I can also feel the love others have for the city. Those who visit, photograph and film Rio.

Every year we spend New Year's Eve with many friends and the whole family at our home. Since our apartment is right on the Av. Atlântica, you have an especially good view out over the Copacabana and its fascinating festivities. Through our living room window I can see the huge crowds of people on the beach. More than 2 million people participate each year, all dressed in white, singing and dancing on this happy day. The crowning event is a magnificent show of fireworks.

El Sudeste de Brasil se compone de cuatro Estados: *Minas Gerais*, *Espíritu Santo*, *Rio de Janeiro* y *San Pablo*. Es la región de los grandes centro industriales y de las dos metrópolis más importantes del país: Rio de Janeiro y San Pablo.

Pasé mi niñez en Belo Horizonte, la capital de Minas Gerais. En el año 1970, regresé a la ciudad de Rio de Janeiro, donde nací. Fueron 10 años de mi niñez, de los cuales tengo los más hermosos recuerdos. Visité la escuela en Belo Horizente y pasaba mis vacaciones donde mis abuelos maternos en el Estado Espíritu Santo; por eso acostumbro a decir que „mi infancia tiene sabor a *pão de queijo* (típico de *Minas Gerais*) y *moqueca capixaba* (plato de pescado del Estado *Espíritu Santo*)''.

Minas Gerais es el único Estado de la región sudeste de Brasil sin litoral y extremamente montañoso, lo que dificultó mucho la ocupación del territorio en el período de la colonización. Por medio del descubrimiento y explotación de las minas de oro, al inicio del siglo XVIII, surgieron suntuosas ciudades, que son consideradas Patrimonio Nacional y declaradas por la UNESCO, como Patrimonio Cultural de la Humanidad. A éste pertenece, por ejemplo, la impresionante ciudad Ouro Preto.

Cuando vivía en Belo Horizonte, pasaba los fines de semana en Ouro Preto, Sabará, Mariana, São João del Rei y Tiradentes; pero mi ciudad preferida fue siempre Ouro Preto. Gustaba de pasear por las innumerables e inclinadas callejuelas, las *ladeiras*, con sus hermosas casas en estilo colonial, aún más hermosas por medio de una iluminación amarilla, una vista que nos remonta al tiempo de las antorchas en las calles. Admiraba las fuentes de piedra y primorosas iglesias, incomparables monumentos barrocos que me dejaban embelesada.

Minas Gerais siempre tuvo vocación para crear grandes artistas. Desde *Alejadinho*, el notable escultor del siglo XVIII, hasta *Guinard*, *Amílcar de Castro* y mucho otros. No dejemos de recordar a escritores fmosos como *Calos Drummond de Andrede* y *Autran Dourado*.

Viajo periódicamente a São Pablo, una ciudad brillante, dinámica; el centro industrial más grande de Brasil y al mismo tiempo conocido por su rica oferta cultural, deliciosos restaurantes y un comercio fantástico. Muchos emigrantes escogieron la ciudad para vivir y trabajar; aportando así al desarrollo de esta gigantesca metrópolis.

Si deseo tranquilidad y relajamiento para el espíritu y el alma, viajo al Estado *Espíritu Santo*. Allí voy a menudo a la ciudad *Anchieta*, donde vivía el Jesuita *José de Anchieta*, el catequista de los indígenas. Gusto de visitar las playas de *Espíritu Santo* y ciudades en las montañas como *Santa Tereza*, ciudad de emigrantes alemanes e italianos, donde mis padres tenían allí una magnífica hacienda de café. Cuando estoy allí, paseo por la intacta *Mata Atlántica* (bosque atlántico de lluvias de Brasil), que limita directamente a nuestro terreno. Allí se pueden ver colibrís, que junto con las orquídeas, son típicos del Estado *Espíritu Santo*.

Vivo en Rio de Janeiro, mi ciudad preferida. Me gusta salir a pasear, y cada vez mi admiración por esta ciudad crece cada día más. Calzo zapato deportivo, llevo un sombrero, gafas de sol y, lógico, crema protectora. Me dejo fascinar del impresionante paisaje: desde la vista pintoresca de las montañas que llegan hasta el mar y forman allí un fluído transpaso con las sonoras y crujientes olas. En verano, cuando tengo tiempo, me siento sobre las rocas de *Arpoador* (límite entre Ipanema y Capocabana) y observo desde allí, sobre las rocas, la caída del sol. Un grandioso espectáculo de la naturaleza para el cual *Cariocas* y turistas aplauden emocionados.

De niña mi paseo preferido era subir con el tren cremallera hasta el Corcovado. Desde allí, como desde el „Pão de Açúcar'', se tiene una espléndida vista sobre Río. Me gusta buscar un lugar tranquilo y contemplo „mi'' ciudad cariñosamente. Me doy cuenta, con qué gusto Rio es visitado, fotografiado y filmado. El Año Nuevo lo pasamos cada año en nuestra casa, con muchos amigos y toda la familia en nuestro apartamento que, como se encuentra directamente en la Av. Atlântica, desde allí tenemos una vista privilegiada de Copacabana y de su fascinante fiesta. A través de la ventana de nuestra sala, veo la multitud en la playa – más de dos millones de personas, que vestidos completamente de blanco, bailando y cantando toman parte a ese alegra acontecimiento. La culminación es el espectacular juego de fuegos artificiales.

Der Südosten Brasiliens setzt sich aus vier Bundesstaaten zusammen: *Minas Gerais*, *Espírito Santo*, *Rio de Janeiro* und *São Paulo*. Hier befinden sich die großen Industriezentren und die zwei wichtigsten Metropolen des Landes: Rio de Janeiro und São Paulo.

Ich verbrachte meine Kindheit in Belo Horizonte, der Hauptstadt von Minas Gerais. Im Jahr 1970 zog ich wieder nach Rio de Janeiro, die Stadt, in der ich geboren wurde. Es waren 10 Jahre meiner Kindheit, die in wunderschöner Erinnerung zurückliegen. Ich ging in Belo Horizonte zur Schule und verbrachte meine Ferien bei meinen Großeltern mütterlicherseits im Bundesstaat Espírito Santo. Daher sage ich bis heute, dass meine Kindheit nach *pão de queijo* (typisches Käsegebäck aus dem Bundesstaat *Minas Gerais*) und *moqueca capixaba* (Fischeintopf aus dem Bundesstaat *Espírito Santo*) schmeckt.

Minas Gerais ist der einzige Bundesstaat der Südostregion Brasiliens, der nicht an der Küste liegt. Während der Kolonialisierung erschwerte die hügelige Landschaft die Besetzung des Gebiets erheblich. Durch die Entdeckung und Erschließung der Goldminen zu Beginn des 18. Jahrhunderts entstanden prachtvolle Städte, die heute unter Denkmalschutz stehen und von der UNESCO zum Weltkulturerbe erklärt wurden. Dazu gehört zum Beispiel die eindrucksvolle Stadt Ouro Preto.

Als ich in Belo Horizonte wohnte, verbrachte ich die Wochenenden in Ouro Preto, Sabará, Mariana, São João Del Rei und Tiradentes, meine Lieblingsstadt war jedoch immer Ouro Preto. Gerne spazierte ich durch die unzähligen steilen Gassen, die *ladeiras* mit den hübschen Häusern im Kolonialstil, die abends durch eine gelbe Beleuchtung hervorgehoben werden. Ein Bild, das uns in die Zeit der Straßenlaternen zurückversetzt. Ich bewunderte die Springbrunnen aus Seifenstein und die wertvollen Kirchen. Diese auf der Welt einzigartigen Barockbauten faszinierten mich.

Minas Gerais brachte viele große Künstler hervor. Von *Alejadinho*, dem bemerkenswerten Bildhauer des XVIII. Jahrhunderts, bis hin zu *Guinard*, *Amílcar de Castro* und vielen weiteren. Nicht zu vergessen sind renommierte Schriftsteller wie *Guimarães Rosa*, *Carlos Drummond de Andrade* und *Autran Dourado*.

Ich fahre regelmäßig nach São Paulo, eine leuchtende, dynamische Stadt, größter Industriepark Brasiliens und gleichzeitig bekannt für ihr reiches kulturelles Angebot, herrliche Restaurants und fantastisch zum Einkaufen geeignet. Viele Einwanderer haben die Stadt zum Leben und Arbeiten ausgesucht und zur Entstehung dieser gigantischen und komplexen Metropole beigetragen.

Wenn ich Ruhe und Entspannung für Geist und Seele möchte, reise ich in den Bundesstaat *Espírito Santo*. Dort fahre ich oft in die Stadt *Anchieta*, in der der Jesuit *José de Anchieta*, der Katechist der Indianer, lebte. Besonders gerne fahre ich an die Strände *Espírito Santos* oder sonst in die Berge nach *Santa Tereza*, einer Stadt deutscher und italienischer Einwanderer. Meine Eltern haben dort eine wunderschöne Kaffeefarm. Wenn ich dort bin, spaziere ich in der unberührten *Mata Atlántica* (atlantischer Regenwald Brasiliens), die direkt an unser Grundstück grenzt. Dort sieht man besonders viele Kolibris, die neben den Orchideen typisch für den Bundesstaat *Espírito Santo* sind.

Ich lebe in Rio de Janeiro, meiner Lieblingsstadt. Besonders gerne gehe ich spazieren, wobei meine Bewunderung für die Stadt sich mit jedem Tag steigert. Ich ziehe Turnschuhe an, trage einen Hut, eine dunkle Sonnenbrille und benütze reichlich Sonnencreme. Ich lasse mich von der eindrucksvollen Landschaft überwältigen. Vom malerischen Anblick der Berge, die bis ans Meer reichen und dort einen fließenden Übergang mit den rauschenden Wellen bilden. Im Sommer setze ich mich, wenn ich Zeit habe, auf die Felsen am *Arpoador* (Grenze zwischen Ipanema und Copacabana) und betrachte von dort aus den Sonnenuntergang. Ein überwältigendes Naturschauspiel, zu dem hunderte *Cariocas* (Brasilianer, die in Rio geboren wurden) und Touristen Beifall klatschen.

Als Kind war mein Lieblingsausflug, mit der Zahnradbahn auf den Corcovado zu fahren. Vom Corcovado wie auch vom Zuckerhut hat man einen hinreißenden Ausblick auf Rio. Gerne suche ich mir einen stillen Platz und betrachte „meine'' Stadt zuneigungsvoll. Ich spüre, wie gerne Rio besucht, fotografiert und gefilmt wird.

Neujahr verbringen wir jedes Jahr mit vielen Freunden und der gesamten Familie bei uns zu Hause. Da unsere Wohnung direkt an der Av. Atlântica liegt, hat man von dort einen besonders guten Ausblick auf Copacabana und dieses faszinierende Fest. Durch unser Wohnzimmerfenster sehe ich die Menschenmenge am Strand. Es sind über 2 Millionen Menschen, die ganz in Weiß gekleidet singend und tanzend an diesem fröhlichen Ereignis teilnehmen. Die Krönung ist ein spektakuläres Feuerwerk.

Igreja NS do Carmo, Ouro Preto, Minas Gerais

Ouro Preto   Igreja São Francisco de Paula (1804)

Orquídea no Espírito Santo

Pão de Açúcar

Bonde do Pão de Açúcar

Pão de Açúcar

Jardim Botânico

Copacabana

São Paulo

Teatro Municipal

São Paulo

Museu do Ipiranga

Centro Velho

Avenida Paulista

Sobrevoar o *Pantanal* em um pequeno avião bimotor fez-me sentir como um pássaro deslizando na imensidão, junto às *araras-azuis*, *tuiuiús* e dezenas de espécies de aves só encontradas nessa paradisíaca região, sem esquecer os milhares de jacarés – são tantos que acabamos acostumando-nos com sua constante presença. Apesar de o nome sugerir um *pântano*, o Pantanal é uma planície alagada anualmente. Essa planície é atravessada de norte a sul pelo rio *Paraguai*, formando um habitat único no mundo, com a maior concentração de fauna das Américas. É a região do "príncipe dos animais", com toda sua elegância, leveza e raridade – o lobo-guará.

Nas duas vezes em que estivemos (meu marido, minhas filhas e eu) no Pantanal, encontramos onças, *queixadas* e veados. Imagine só, veados! De repente, você se sente vendo uma paisagem européia. No Pantanal, o gado é criado em pastos selvagens. É impressionante como, após 150 anos de convívio do homem e do gado com a natureza, o ecossistema da região se adaptou com perfeição. O homem, cercando suas imensas propriedades, cuidando sempre para que não faltem pastos para o gado e áreas intocadas para os animais silvestres, contribui para a preservação da fauna do Pantanal.

Na última vez em que viajei à Região Centro-Oeste, conheci um verdadeiro aquário natural, a cidade de Bonito – fascinante por sua exuberante e transparente beleza, que nos exige extremo cuidado com as riquezas naturais. Em Bonito, mergulhei e nadei com os peixes. É permitido fazê-lo em alguns rios, desde que se respeitem os locais denominados "santuários".

O Centro-Oeste está dividido em três estados: *Mato Grosso*, *Mato Grosso do Sul* e *Goiás*, além do Distrito Federal, onde está *Brasília*, capital do País. Visitei Brasília algumas vezes e sempre fiquei impressionada com a leveza das linhas criadas por Lúcio Costa e Oscar Niemeyer. Brasília nos lembra, o tempo todo, que o homem é capaz de construir e realizar sonhos. É a primeira cidade moderna no mundo a ser nomeada patrimônio da humanidade pela UNESCO. O interior belíssimo da sua Catedral, projeto do arquiteto Oscar Niemeyer, inspira paz de espírito e liberdade. A cúpula, toda de vidro, tem uma altura de 40 metros e é sustentada por 16 vigas de concreto.

A *Chapada dos Guimarães*, em *Mato Grosso*, com seus paredões de arenito e cachoeiras, compõe um belíssimo contraste com a planície do Pantanal.

Certa vez, viajando de carro pela *"Transpantaneira"*, estrada que avança 150 quilômetros Pantanal adentro, minhas filhas, meu marido e eu vimos um lobo-guará pela primeira vez. Ele passou por nós lépido e altivo. Foi uma emoção e tanto!

Once, when I was flying over the *Pantanal* in a little, twin engine plane, I felt like a bird careening through infinity beneath all the *araras-azuis*, *tuiuiús* and endless numbers of other bird species which can only be found in this tropical paradise. And I mustn't overlook the thousands of crocodiles – there are so many that you actually get used to their always being around.

Even though its name makes one think of a swamp (*pântano* = swamp), the Pantanal is in fact a plain which floods over every year. The *Paraguai* River crosses this plain from north to south and creates a habitat absolutely unique in the world, with the most concentrated density of fauna on the American continent. It is in this region that the guará wolf lives, the elegant, light-footed and rare species known here as the "Prince of Animals".

Both times that my husband, my daughter and I were in Pantanal, we saw jaguars, *Queixadas* (a type of wild boar) and stags. Hard to imagine, stags! Suddenly you have the feeling you are gazing at a European landscape. In Pantanal, cattle are raised on wild grazing plains. It is simply unbelievable to think of how perfectly the ecological system of the region, after 150 years of coexistence between human beings, cattle and nature, has adapted. Since people have fenced in their enormous farms and always see to it that there are enough meadows for the cattle to graze on, yet also sufficient untouched areas for the wild animals, they are instrumental in preserving the fauna of the Pantanal.

The last time I went to the middle west, I made the acquaintance of a "nature aquarium" – the city of Bonito, whose rich, clear beauty merits a special attentiveness to nature. In Bonito, I went diving and swimming with the fish. That's possible in some of the rivers there, as long as you respect the "sanctity" of certain designated spots. The middle west includes the three federal states of *Mato Grosso*, *Mato Grosso do Sul* and *Goiás*, as well as the national district of *Brasília*, with the nation's capital. I have visited Brasília several times and each time, the light elegance of Lucio Costa's and Oscar Niemeyer's architectural lines made a great impression on me. Brasília reminds us unceasingly what human beings are capable of: creating dreams and then transforming them into reality. It is the first modern city in the world which UNESCO has declared a World Cultural Heritage. The stunning interior of the cathedral, a project by architect Oscar Niemeyer, emanates tranquility of soul and a sense of freedom. The glass dome is 40 meters high and is supported by 16 cement beams. The high sandstone cliffs and waterfalls of the *Chapada dos Guimarães* in *Mato Grosso* are a wonderful contrast to the plains of Pantanal.

One time, when I was driving on the *"Transpantaneira"* with my husband and daughters, a road which penetrates 150 kilometers into the Pantanal, we saw a guará wolf for the very first time. Quickly and with great self-confidence, he loped across the road. We found it very exciting.

Cuando volé sobre el *Pantanal* en un pequeño avión de dos motores, me sentía como un pájaro flotando en una inmensidad entre todos los *araras-azuis*, *tuiuiús* y cantidad de otras especies de aves, que solamente se encuentran en este lugar paradisíaco. Sin olvidar los miles de cocodrilos – y son tantos, que uno se acostumbra a su permanente presencia.

Aunque con el nombre se imagina un pantano (*pântano* = ciénaga), el Pantanal es propiamente una llanura que anualmente se inunda. El Rio *Paraguai* atravieza esa llanura de norte a sur y forma así un incomparable habitat, único en el mundo, con la zona zoológica más densa del continente americano. En esa región vive el elegante, ligero y raro ,,príncipe de los animales'' – el lobo-guará.

Ambas veces, que estuvimos (mi esposo, mis hijas y yo) en el Pantanal, vimos jaguares, *queixadas* (una clase de jabalís) y ciervos. Inconcebible! Ciervos! De repente se tiene la impresión de tener de frente un paisaje europeo. En Pantanal se crían ganados en pastizales silvestres. Es increíble la perfección con la cual se ha acondicionado el sistema ecológico de esta región, después de 150 años de convivencia del hombre, de los animales y de la naturaleza. El hombre cercando sus gigantescas haciendas y siempre al cuidado por una parte, que el ganado tengan suficiente dehesa, por otra parte, suficiente terreno intacto para los animales salvajes, aporta él a la manuntención de la fauna y del Pantanal.

Cuando viajé la última vez a la Región Centro-Oeste, conocí un verdadero ,,Acuario natural''– la Ciudad Bonito, fascinadora por su exuberante y singular belleza, que necesita una especial atención para sus riquezas naturales. En Bonito estuve buceando y nadando con los peces. Esto es posible en algunos ríos, siempre que se respeten los lugares llamados ,,santuarios''.

El Centro-Oeste está dividido en tres estados: *Mato Grosso*, *Mato Grosso do Sul* y *Goiás*, como también el Distrito Federal de *Brasília* con la Capital del País. Visité varias veces Brasília y cada vez quedé impresionada de la ligereza de las líneas creadas por Lucio Costas y Oscar Niemeyer. Brasília nos recuerda continuamente que el hombre es capaz de construir y llevar a cabo sus sueños. Es la primera ciudad moderna del mundo que fué nombrada por la UNESCO, Patrimonio de la Humanidad. El interior maravilloso de la Catedral, projecto de Oscar Niemeyer, irradia paz interior y libertad. La cúpula de cristal tiene una altura de 40 m. y está sostenida por 16 vigas de cemento. La *Chapada dos Guimarães* en *Mato Grosso*, con sus paredones y cataratas, son un hermoso contraste con la llanura de Pantanal.

Cuando viajé una vez con mis hijas y esposo en auto por la ,,*Transpantaneira*'', una carretera que entra 150 km en el Pantanal, vimos por primera vez un Lobo-Guará, que atravezó nuestro camino ligero y seguro de sí mismo. Fue grande nuestra emoción!

Als ich den *Pantanal* in einem kleinen zweimotorigen Flugzeug überflog, fühlte ich mich wie ein in der Unendlichkeit schwebender Vogel unter all den *Araras-Azuis*, *Tuiuiús* und Unmengen anderer Vogelarten, die nur in dieser paradiesischen Gegend zu finden sind. Nicht zu vergessen sind auch die tausenden Krokodile – es sind so viele, dass man sich an ihre dauernde Anwesenheit gewöhnt.

Obwohl der Name an einen Sumpf erinnert (*pântano* = Sumpf), ist der Pantanal eigentlich eine Ebene, die jährlich überflutet wird. Der *Paraguai*-Fluss durchquert diese Ebene von Norden bis Süden und bildet so ein auf der Welt einzigartiges Habitat mit der dichtesten Tierwelt des amerikanischen Kontinents. In dieser Gegend lebt der elegante, leichte und seltene ,,Prinz der Tiere'' – der Guará-Wolf.

Beide Male, als wir (mein Mann, meine Töchter und ich) im Pantanal waren, sahen wir Jaguare, *Queixadas* (eine Wildschweinart) und Hirsche. Unvorstellbar, Hirsche! Plötzlich hat man das Gefühl, eine europäische Landschaft zu betrachten. Im Pantanal werden Rinder auf wilden Weiden gezüchtet. Es ist unglaublich, mit welcher Perfektion sich das Ökosystem dieser Region nach 150 Jahren des Zusammenlebens von Menschen, Vieh und Natur angepasst hat. Da der Mensch seine riesigen Farmen einzäunt und immer darauf achtet, dass es einerseits genug Weide für das Vieh, andererseits aber auch genug unberührte Flächen für die wilden Tiere gibt, trägt er zur Erhaltung der Fauna des Pantanals bei.

Als ich das letzte Mal in den Mittleren Westen fuhr, lernte ich ein ,,Natur-Aquarium'' kennen – die Stadt Bonito, deren üppige und klare Schönheit unserer besonderen Aufmerksamkeit für die Natur bedarf. In Bonito bin ich mit den Fischen getaucht und geschwommen. Dies ist in einigen Flüssen möglich, vorausgesetzt, man respektiert die zum ,,Heiligtum'' ernannten Stellen.

Der Mittlere Westen schließt die drei Bundesstaaten *Mato Grosso*, *Mato Grosso do Sul* und *Goiás* sowie den Bundesbezirk von *Brasília* mit der Bundeshauptstadt ein. Ich habe Brasília einige Male besucht und war jedesmal beeindruckt von der Leichtigkeit der Linien Lucio Costas und Oscar Niemeyers. Brasília erinnert uns ununterbrochen daran, dass der Mensch fähig ist, Träume zu entwickeln und durchzuführen. Es ist die erste moderne Stadt der Welt, die von der UNESCO zum Weltkulturerbe ernannt wurde. Das wunderschöne Innere der Kathedrale, Projekt des Architekten Oscar Niemeyer, strahlt Seelenfrieden und Freiheit aus. Die Glaskuppel ist 40 m hoch und wird von 16 Betonbalken gestützt.

Die hohen Sandsteinwände und Wasserfälle der *Chapada dos Guimarães* im *Mato Grosso* sind ein wunderschöner Kontrast zur Pantanalebene.

Als ich einmal mit meinen Töchtern und meinem Mann mit dem Auto auf der ,,*Transpantaneira*'' fuhr, einer Straße, die 150 km in den Pantanal eindringt, sahen wir zum ersten Mal einen Guará-Wolf. Er kreuzte flink und selbstbewusst unseren Weg. Wir waren sehr aufgeregt!

Jacaré

Lobo Guará

Ipê-roxo

Bonito, Mato Grosso do Sul
Veado >

Gruta do Lago Azul, Bonito   Lagarto

Congresso Nacional, Brasília

Palácio do Planalto. Escultura "Os Candangos" de Bruno Giorgi

Supremo Tribunal Federal. Escultura "Justiça" de Alfredo Ceschiatti. 99

Catedral de Brasília   Santuário Dom Bosco

Quando vi pela primeira vez as *Cataratas do Iguaçu*, pensei: "Meu Deus, tanta água e, ao mesmo tempo, tantos passando sede e fome por falta d'água no mundo." Era uma adolescente, e aquilo me parecia extremamente injusto! Mas isso porque eu ignorava que, graças à força e à abundância das águas do *rio Paraná*, construir-se-ia mais tarde a maior hidrelétrica do mundo, *Itaipu*. Hoje, ela fornece luz e leva progresso para metade do nosso país – e olhe que este é um país continental, com 180 milhões de habitantes!

A Região Sul, a menor das regiões brasileiras, é formada por três estados: *Rio Grande do Sul, Paraná* e *Santa Catarina*. De todas as regiões do País, é a única localizada fora da zona tropical. No inverno, há queda de geada e, ocasionalmente, neve. Isso é muito interessante, pois o inverno do Sul apresenta o que há de bonito nessa estação – a neve e a geada –, mas sem os transtornos do inverno acima da linha do Equador. É só chocolate, vinhos, lindos agasalhos, festas tradicionais, a alegria hibernal!

A Região Sul recebeu muitos imigrantes uruguaios, argentinos, açorianos, espanhóis, alemães, italianos e poloneses, dentre outros. Formou-se, assim, um povo lindo, hospitaleiro e de muitas tradições. Um bom exemplo é *Blumenau*, em *Santa Catarina*, que está entre as "mais alemãs" das cidades fora da Alemanha. Todo mês de outubro, a cidade comemora a tradicional festa da cerveja, a *"Oktoberfest"*, que atrai milhares de visitantes.

Em 1998, passei o carnaval na *praia do Rosa*, no litoral catarinense. Poucas vezes antes vi tanta gente linda em um só lugar. Uma geração colorida de surfistas, fazendo um verdadeiro bailado nas ondas perfeitas da região.

No *Rio Grande do Sul*, estão localizadas as *ruínas dos Sete Povos* das Missões, fundada pelos jesuítas espanhóis em 1687, com o objetivo de catequizar os índios. A atividade missionária no Brasil, embora controversa, foi de grande importância para a integração do País. Os missionários foram, por exemplo, os responsáveis por incorporar o vale amazônico ao território brasileiro.

A criação e o comércio de gado constituíram a atividade principal que fixou o homem à terra do *Paraná* no século XVIII. O *Paraná* é aproximadamente do tamanho da Áustria, Portugal e Bélgica, juntos. No século XIX, iniciou-se a imigração européia de alemães, italianos, poloneses e ucranianos; formaram-se, então, as *colônias agrícolas*. Somente no século XX, as terras paranaenses foram totalmente ocupadas. Atualmente, o *Paraná* possui o maior rebanho suíno do Brasil, e está entre os maiores produtores de milho, soja, trigo, café, batata e feijão. *Curitiba*, a capital, desenvolve um plano de *humanização pioneiro no País*.

No Paraná, localiza-se o rio de mesmo nome (rio Paraná), onde havia as *Sete Quedas*. Felizarda que sou, pude assistir a esse espetáculo do salto das águas, que, infelizmente, desapareceu com a construção da barragem de *Itaipu*.

O Sul é, portanto, essa mistura maravilhosa de povos que vieram de diversas partes do mundo, com a determinação de fazer do Brasil sua nova pátria, fixar moradia e dele tirar seu sustento.

When I stood for the very first time in front of the *Iguaçu Waterfalls*, I had but one sole thought: "My God, so much water; and yet there is still so much hunger and thirst in the world." I was still a young girl and the apparent contradiction seemed downright unjust to me. I couldn't know at the time that thanks to the power and volume of the *Paraná* River, the largest hydraulic power plant in the world, the *Itaipu* Hydraulic Power Plant, would later be built here. Nowadays, *Itaipu* supplies electricity and energy to half of Brazil, ensuring the progress of the country. And Brazil, with 180 million inhabitants, is by no means a small country.

The south of Brazil is the smallest region of the country and encompasses three federal states: *Rio Grande do Sul, Paraná* and *Santa Catarina*. It is the only region which lies outside the tropics. In winter, frost can be seen on the streets and it even snows occasionally. The south brings forth the beautiful aspects of the winter season - the snow and the hoarfrost – without the severe cold that is prevalent in the earth's northern hemisphere. It has good chocolate, refined wines, modern winter clothing, traditional festivities and wintry coziness.

Brazil's south has undergone a series of large-scale immigrations from Europe, South America, the Near East and Asia. These have contributed to its now having an extremely hospitable population, rich in traditions, with an enormous ethnic variety. *Blumenau* in the federal state of *Santa Catarina* for example, is one of the most "German" cities in the world outside Germany. Every year in October, they celebrate the traditional *Oktoberfest* and are visited by throngs of tourists.

In 1998, I spent Carneval on the *Praia do Rosa*, a beach on the coast of the state of *Santa Catarina*. Rarely have I seen so many attractive human beings in one spot. A colourful generation of young surfers, gliding elegantly over the perfectly formed waves on their surfboards.

In the federal state of *Rio Grande do Sul*, the ruins from the era of the Jesuit missions in Brazil, the *Ruínas dos Sete Povos*, are found. The original structures were built in 1687 by Jesuits and Spaniards with the goal of converting the Indians to Christianity. The missions in Brazil, even though a controversial issue, played an important part in developing the various territories of the country. For example, it was through the missions that the Amazon region was first settled, which today is an integral part of Brazil.

In the state *Paraná* the major occupations in the 18th century were cattle raising and trade. That was what permitted the people to settle there permanently. Paraná is approximately the size of Austria, Portugal and Belgium together. In the nineteenth century the European immigration began. For the most part, Germans, Italians, Poles and Ukrainians formed the *colônias agrícolas* (agricultural colonies out of which cities later grew) in this era. Not until the 20th century was the entire state settled. Today, *Paraná* is the largest producer of pork in Brazil and numbers among the most important suppliers of corn, beans, grains, coffee, potatoes and soya. The capital, *Curitiba*, is a pioneer in the area of *Humanização Urbana*, a concept for the improvement of the quality of city life.

Through the state of Paraná, the river of the same name flows. One used to be able to visit the waterfalls there, the *Sete Quedas* – but these unfortunately disappeared when the *Itaipu* power plant was built. I count myself very fortunate to have still seen this breathtaking natural spectacle.

The south of Brazil is a unique mixture of different peoples who came here from all over the world to make Brazil their new home, settle down and build up their individual existences.

Cuando por primera vez me encontraba delante de las *Cascadas de Iguaçu*, mi primera impresión fué: „Dios mío, cuánta agua y sin embargo tanta sed y hambre en el mundo!" Era una adolescente y este contraste me parecía absolutamente injusto. Entonces ignoraba, que gracias a la fuerza y abundancia del *Río Paraná*, más tarde se construiría la más grande central hidroeléctrica del mundo: la Central Idroeléctrica de *Itaipu*. Hoy día *Itaipu* abastece medio Brasil con luz y energía y garantiza el progreso del país. Y Brasil, con sus 180 millones de habitantes, es una enorme nación!

La región del sur de Brasil, la parte del país más pequeña, se compone de tres Estados: *Rio Grande do Sul*, *Paraná* y *Santa Catarina*. De todas las regiones del país, es la única fuera de la zona climática tropical. En invierno las calles tienen escarcha y de vez en cuando hasta cae algo de nieve. Eso es muy interesante! El invierno en el Sur de Brasil ofrece el más hermoso tiempo del año – la nieve y la escarcha – sin el crudo frío que se conoce en la mitad norte del mundo. Hay muy buen chocolate, nobles vinos, elegante ropa de invierno, fiestas tradicionales y apacibilidad invernal.

El Sur de Brasil vivió grandes y variadas inmigraciones: uruguayos, argentinos, açorianos, españoles, alemanes, italianos, polacos y otros más. Así surgió una población hospitalaria y rica de tradiciones, con una variedad ética muy marcada. Un ejemplo es la ciudad *Blumenau*, en el Estado *Santa Catarina*, la ciudad más „alemana" fuera de Alemania. Todos los meses de octubre, la ciudad conmemora la fiesta tradicional de cerveza „Oktoberfest", que atrae numerosos visitantes.

En el año 1998 pasé el carnaval en la *Praia do Rosa*; una playa en la costa del Estado *Santa Catarina*. Raras veces vi antes tantas personas tan interesantes en un lugar! Una variada generación de jóvenes practicantes del surfing, que con sus tablas se deslizaban; un verdadero baile sobre las perfectas formas de las olas!

En el Estado *Rio Grande do Sul* se encuentran las *Ruínas dos Sete Povos* de las Misiones, del tiempo de los Jesuitas españoles en Brasil, construídas en 1687, con el fin de convertir a los indígenas al cristianismo. Las misiones en Brasil, aunque se discute en controversia, juegan un papel importante en la integración del país. Pues a trevés de las misiones, por ejemplo, se pobló la región del Amazonas, que hoy día pertenece a Brasil.

En el Estado Federal *Paraná*, las actividades principales en el siglo XVIII, ganadería y comercio, facilitaban a las personas de esblacersen en el lugar. *Paraná* es más o menos tan grande como Austria, Portugal y Bélgica juntos. En el siglo XIX comenzaron las inmigraciones europeas. Principalmente alemanes, italianos, polacos y ucranianos formaban en aquel entonces las *colônias agrícolas* (las cuales más tarde se desarrollaron como ciudades). Apenas en el siglo XX se pobló todo el Estado Federal. Hoy día *Paraná* es el más grande criador de cerdos en Brasil y pertenece a los más importantes cultivadores de maiz, fríjoles, granos, café, patatas y soja. La capital *Curitiba* abre nuevos caminos en el ramo de *Humanización Urbana en el País*, como mejoramiento de cualidades de vida.

A través del Estado Paraná corre el río del mismo nombre (Rio Paraná). Allí se podía antes visitar las cataratas *Sete Quedas*, pero por medio de la construcción de la Central Eléctrica *Itaipu*, desgraciadamente desaparecieron. Yo afortunada, pude vivir entonces ese impresionante acontecimiento.

El Sur de Brasil es una maravillosa mezcla de varios pueblos, que desde muy lejos de todo el mundo vinieron, para tomar Brasil como su nueva patria, establecerse allí y organizar su existencia.

Als ich zum ersten Mal vor den *Iguaçu-Fällen* stand, hatte ich einen einzigen Gedanken: „Mein Gott, so viel Wasser und trotzdem so viel Durst und Hunger auf der Welt." Ich war damals ein junges Mädchen und dieser Gegensatz erschien mir ausgesprochen ungerecht. Ich konnte damals noch nicht wissen, dass dank der Kraft und Fülle des *Paraná*-Flusses später das größte Wasserkraftwerk der Welt, das *Itaipu*-Wasserkraftwerk, errichtet werden sollte. Heutzutage versorgt *Itaipu* halb Brasilien mit Licht und Energie und garantiert somit den Fortschritt des Landes. Und Brasilien ist mit seinen 180 Millionen Einwohnern bei weitem kein kleines Land!

Die Südregion Brasiliens ist das kleinste Gebiet des Landes und besteht aus drei Bundesstaaten: *Rio Grande do Sul*, *Paraná* und *Santa Catarina*. Es ist die einzige Region, die außerhalb der tropischen Klimazone liegt. Im Winter liegt Raureif auf den Straßen und manchmal schneit es sogar. Der Winter im Süden Brasiliens bringt die schönen Seiten dieser Jahreszeit hervor – den Schnee und den Raureif – ohne die strenge Kälte, die man von der Nordhälfte der Erde kennt. Es gibt gute Schokolade, edlen Wein, moderne Winterkleidung, traditionelle Feste und winterliche Gemütlichkeit.

Der Süden Brasiliens erlebte verschieden große Einwanderungswellen aus Europa, Südamerika, dem Nahen Osten und Asien. Somit entstand eine gastfreundliche und traditionsreiche Bevölkerung mit einer ausgeprägten ethnischen Vielfalt. *Blumenau* im Bundesstaat *Santa Catarina* zum Beispiel ist eine der „deutschesten" Städte außerhalb Deutschlands. Jedes Jahr im Oktober feiert man dort das traditionelle Oktoberfest, zu dem zahlreiche Besucher anreisen.

Im Jahr 1998 verbrachte ich den Karneval an der *Praia do Rosa*, einem Strand an der Küste des Bundesstaates *Santa Catarina*. Selten vorher habe ich so viele hübsche Menschen an einem Ort gesehen. Eine bunte Generation junger Surfer, die mit ihren Brettern über die perfekt geformten Wellen gleiten.

Im Bundesstaat *Rio Grande do Sul* befinden sich die Ruinen *Ruínas dos Sete Povos* aus der Zeit der Jesuitenmissionen in Brasilien. Sie wurden 1687 von Jesuiten und Spaniern errichtet mit dem Ziel, die Indianer zum christlichen Glauben zu bekehren. Die Missionen in Brasilien, wenn auch kontrovers diskutiert, spielten eine wichtige Rolle bei der Erschließung des brasilianischen Territoriums. So wurde durch die Missionen zum Beispiel das Amazonasgebiet erschlossen, das heute zu Brasilien gehört. Im Bundesstaat *Paraná* waren Viehzucht und -handel im 18. Jahrhundert die Hauptaktivitäten und ermöglichten es den Menschen, dort sesshaft zu werden. *Paraná* ist ungefähr so groß wie Österreich, Portugal und Belgien zusammen. Im XIX. Jahrhundert begannen die europäischen Einwanderungen. Hauptsächlich Deutsche, Italiener, Polen und Ukrainer bildeten zu dieser Zeit die *colônias agrícolas* (landwirtschaftliche Kolonien, aus denen sich später Städte entwickelten). Erst im 20. Jahrhundert war das ganze Bundesland besiedelt. Heutzutage ist *Paraná* der größte Schweineproduzent Brasiliens und gehört zu den wichtigsten Mais-, Bohnen-, Getreide-, Kaffee-, Kartoffel- und Sojaproduzenten. Die Hauptstadt *Curitiba* leistet Pionierarbeit im Bereich der *Humanização Urbana*, einem Konzept zur Verbesserung der urbanen Lebensqualität.

Durch den Bundesstaat Paraná fließt der Fluss gleichen Namens (Paraná-Fluss). Dort konnte man früher auch die Wasserfälle *Sete Quedas* besichtigen, die jedoch mit dem Bau des *Itaipu*-Kraftwerks leider verschwanden. Ich Glückliche habe dieses atemberaubende Ereignis damals noch erleben können.

Der Süden Brasiliens ist eine wundervolle Mischung verschiedener Völker, die von weit her aus der ganzen Welt kamen, um Brasilien zu ihrer neuen Heimat zu machen, sich dort anzusiedeln und ihre Existenz aufzubauen.

Garganta do Diabo, Iguaçú

Mercado Público, Florianópolis

Praia do Santinho

Blumenau

Blumenau

São Miguel das Missões – Rio Grande do Sul

Publicado e Distribuído por:
Céu Azul de Copacabana Editora Ltda
1. Edição – Rio de Janeiro, Brasil 2005
ISBN: 85-87467-17-4   ISBN 85-87467-17-4

9 788587 467171

Edição Regional para
America Latina

Impresso na Áustria por Alpina Druck
© Todos os direitos reservados

Coordenação Editorial: Martin Fiegl & Felix Richter

www.colorfotos.com.br
firma@colorfotos.com.br

Distribution:
United Kingdom
Australia   ISBN 978-1-877339-98-1   Regional edition for the
New Zealand   englishspeaking countries
Belgium
The Netherlands
ISBN: 978-1-877339-98-1

9 781877 339981

Vertrieb: ISBN 978-3-938446-98-0
Deutschland   Regionalausgabe für den
Österreich   deutschen Sprachraum
Schweiz
ISBN: 978-3-938446-98-0

9 783938 446980

Fotos – Photos:
Felix Richter: 1, 2, 8, 9, 10, 11, 12, 13, 14, 16, 19, 22, 23, 24, 25, 26, 27, 28, 29, 30, 31, 32, 33, 34, 35, 63, 64, 65, 68, 69, 70, 71, 72, 73, 74, 75, 86, 91, 94, 118, 120
Martin Fiegl: 17, 18, 40, 41, 42, 43, 44, 45, 46, 47, 48, 49, 56, 57, 58, 59, 60, 61, 62, 66, 67, 97, 98, 99, 100, 101, 105, 106, 107
Lucas Leuzinger: 84, 85, 87, 88, 89, 90, 92, 93, 95
Filipa Richter: 39, 108, 109, 110, 111, 112, 114, 115
Arnaldo Borensztajn: 76, 77, 78, 79, 80, 81
Katharina Fiegl & Ferdinand Cibulka: 50, 51, 52, 53
Gustavo de Paula: 15, 38, 116, 117
Werner Thiele: 36